NOTICE

SUR

AUGUSTIN FONTANIEU

PAR

N. SOUBEIRAN

PASTEUR

NIMES

IMPRIMERIE ROGER ET LAPORTE

5, place Saint-Paul, 5.

—

1887

NOTICE

SUR

AUGUSTIN FONTANIEU

PAR

N. SOUBEIRAN

PASTEUR

NIMES

IMPRIMERIE ROGER ET LAPORTE

5, place Saint-Paul, 5.

—

1887

NOTICE

SUR

AUGUSTIN FONTANIEU

————∞◇∞————

I

Augustin Fontanieu naquit à Saint-Laurent-d'Aigouze le 3 février 1864. Son enfance se passa au sein de sa famille. Il paraissait fort et robuste, mais à l'âge de 7 ou 8 ans une maladie, une fièvre, vint laisser sur lui sa dure empreinte.

Il grandit cependant et vécut entouré de l'affection de ses parents. Sa mère aurait voulu le voir fréquenter les enfants de son âge. Le jeune Augustin ne se plaisait pas avec eux parce que leurs jeux étaient trop bruyants et il leur préférait la compagnie de ses proches : son caractère aimant le portait à rechercher une vie douce et calme.

A 11 ans il fut obligé de quitter l'école, les études devenaient dangereuses pour sa constitution trop délicate. Alors il s'instruisit seul en se faisant prêter des livres, et réussit à acquérir des connaissances qui étaient sérieuses.

Quand l'époque de sa première communion arriva, il se rapprocha encore plus de ce Dieu qu'il aimait déjà, et laissa le plus doux souvenir dans le cœur de son pasteur. Tout ce qui se rapportait à Dieu l'intéressait vivement. Il copia avec soin le sermon de M. J. Monod, prêché le jour de l'inauguration du culte protestant à Aiguesmortes. Quelques-unes des pages écrites par notre ami ont été conservées. J'y lis ce qui suit : « Tandis que tout passe, il y a quelque chose qui vit au siècle des siècles, et c'est la parole de Dieu... Quelle lumière posséderions-nous sur les questions les plus grandes, les plus vitales ? Que saurions-nous sur ce Dieu tout-puissant, ce Dieu créateur? Que saurions-nous sur l'homme, sur nos véritables destinées si Dieu ne nous avait rien révélé ? Que saurions-nous sur les moyens d'atteindre le but qui nous est proposé ? Ah ! nous avons besoin de la

Parole de Dieu comme d'une lumière! Nous sommes des pécheurs plongés dans un état de désordres et d'erreurs... Or, le cœur de Dieu s'indigne en face du péché. Qui nous aurait tiré de cet abîme qui nous sépare de la divinité? Il a fallu que la Parole divine retentît, et cette Parole déclare que tout ce que l'homme n'aurait pu faire, Dieu l'a fait en envoyant son Fils au monde, son Fils unique, mort pour nos péchés, afin que quiconque croirait en Lui ne périsse point, mais fût sauvé. »

II

Quand j'arrivai, il y a 7 ans, à Saint-Laurent-d'Aigouze comme pasteur, j'aimai tout de suite Augustin Fontanieu. Je le visitai. Il me parla de ses lectures. Je lui demandai son concours actif. Il me le promit.

Bientôt il devint membre du comité de notre bibliothèque : il en était un des lecteurs les plus assidus. Il aimait ces bons ouvrages de notre excellente Société de Toulouse qui permet à tant de pasteurs de fonder ces bibliothèques religieuses, sources de grandes bénédictions.

J'offrais à mon jeune ami quelquefois des livres et il se faisait un devoir de les accepter pensant bien que j'avais quelque raison d'agir comme je le faisais. De cette manière, il lut non seulement des livres d'histoire, mais encore des livres de piété et plusieurs des ouvrages si intéressants et si instructifs de M. et Mme de Gasparin. Il aimait particulièrement l'*Ami de la Jeunesse.*

Toutefois il faut dire que ces lectures ne lui faisaient point négliger sa chère Bible qu'il considérait comme renfermant toute la Parole de Dieu.

Je lui confiai un groupe à l'école du dimanche, et, lorsqu'à la suite de plusieurs visites nous résolûmes de nous occuper de l'œuvre de la Mission intérieure, il fut avec nous.

Il devint même l'un des membres les plus actifs de notre groupe local et fréquenta très assidument la réunion de prières. C'est dans une de ces humbles réunions du presbytère qu'il trouva la paix de son âme. Je crois le voir encore dans cette soirée mémorable où nous étions bien peu nombreux, mais où il fut si heureux; il me semble entendre sa douce voix. Oh! comme nous remerciâmes avec lui le Sauveur pour sa bonté et son amour!

III

Depuis ce moment la vie de notre ami, sans être essentiellement différente, puisque sa piété était ancienne, fut toute au Seigneur. — Je ne l'ai jamais entendu se plaindre. Toujours souriant et joyeux, il aimait à se rendre utile.

Il se consacrait aux jeunes. Dimanche après dimanche, il prenait la direction de son groupe à l'école et savait instruire et intéresser les enfants. Puis il les surveillait pendant la leçon générale et dans la semaine il les recommandait au Seigneur. Nous nous rappelons les paroles émues qui sortaient de ses lèvres et ses supplications touchantes.

Le jeudi, il venait à notre école et dirigeait un groupe de jeunes filles. Toujours fidèle au devoir, il préparait la leçon d'Histoire-Sainte ou faisait apprendre les prières à des enfants, que la négligence et l'incrédulité des parents livraient à l'ignorance.

Combien il était heureux et comme il se multipliait quand venait la fête de la distribution des prix ou de l'arbre de Noël ! Sa douceur, sa joie, son humilité étaient certainement en bon exemple.

Mais c'est particulièrement dans l'œuvre de la Mission intérieure qu'Augustin a dépensé les forces que Dieu lui laissait.

Fils respectueux et tendre, il se livrait, dans sa demeure, à de petits travaux qui étaient bientôt terminés ; ensuite il faisait le bien au dehors, visitait régulièrement ses parents, qui gardent un si bon souvenir de ses visites et qui le pleurent, puis se rendait chez des amis. Là, il consolait un pauvre paralytique ; ici, il prenait la défense du serviteur de Dieu ; ailleurs, il soutenait une pauvre veuve abattue.

Il se rendait aussi auprès des souffrants, et savait accomplir encore l'œuvre bienfaisante de la distribution des traités à domicile.

Un des premiers, il a commencé cette dernière œuvre et lui a été toujours fidèle. Il visitait régulièrement les lectrices qu'il avait, leur remettait de nouveaux traités, reprenait les anciens, et laissait après son départ le parfum d'une piété touchante et d'une saine activité pour le Maître divin.

Les collectes ne furent pas oubliées par lui. Nous pensions qu'il resterait longtemps encore avec nous. Mais Dieu en avait jugé autrement. Il prit froid et dut rester dans sa demeure pendant tout l'hiver dernier. Il se mit à tousser et le danger apparut à tous. Nous comprîmes que ses jours étaient comptés.

On lui rendit alors de toutes parts les bonnes visites qu'il avait faites. On était heureux de venir le voir.

Notre jeune ami témoignait à tous la plus joyeuse confiance. Il voyait bien la gravité de son mal, mais ne se rendait pas compte de tout le danger de sa position. Il se laissait bercer par l'espérance. Mais bientôt il devint plus malade.

J'allai le voir ; je priai avec lui et nous élevâmes ainsi nos âmes vers le divin Auteur de toute consolation. Il parlait peu. Cependant il était en communion avec le Sauveur.

Les extraits suivants, d'une correspondance intime, nous montrent bien sa piété et sa soumission envers Dieu.

IV

28 Novembre 1883. — Je ne veux pas consacrer ce temps de causerie intime à des choses qui ne soient pas sérieuses. Je suis sous le coup d'une trop forte émotion : une amie vient de quitter ce monde. Nous savons qu'elle n'est pas perdue. Comme le Seigneur est bon de nous donner une telle assurance ! C'est avec joie, sans lutte, sans douleur, que cette chère amie chrétienne est allée vers son Dieu... pour être à l'abri de tous les orages.

Par là tu vois que nous pouvons être appelés bientôt peut-être à paraître devant ce Dieu bon et juste dont les yeux sont trop purs pour voir le mal. Il faut donc nous préparer pour ce moment solennel où nous devrons répondre : Me voici, Maître, prends-moi, où les horizons de l'éternité bienheureuse luiront à jamais pour nous.

20 mars 1884.—Hier au soir nous avons eu comme prédicateur un agent de la Mission intérieure qui a médité ces paroles de St-Marc xv, 27 : ils cruci-fièrent avec Lui deux brigands l'un à sa droite, l'autre à sa gauche. Tout le monde a écouté avec attention... Ces derniers jours une petite fille est morte de la petite vérole. Maintenant ses deux frères catholiques sont atteints. Personne ne va les visiter. Le pasteur est allé les voir et c'est lui qui a présidé l'ensevelissement de la jeune fille dont la mère était protestante.

26 mai 1884. — Nos souffrances sont pénibles; elles peuvent s'appeler luttes et combats! Mais quel bonheur de savoir que nous sommes plus que vainqueurs par Celui qui nous a aimés. Oui, au milieu des douleurs, l'âme espère encore et ne saurait être abattue. J'ai passé la journée du dimanche en bonne partie au temple, puisque j'ai assisté aux trois services qui s'y célèbrent... La journée a été bien agréable.

14 décembre 1885. — Mon cœur a soupiré en pen-sant à l'ami que j'aimais et que j'aurais voulu voir encore sur cette terre des vivants. Mais les voies divines ne sont pas nos voies. Comme Dieu a été bon

de nous donner l'espérance que nous nous rever·
rons au ciel !

29 janvier 1886. — Bien souvent je répète ces
paroles d'Isaïe XL : « Toute chair est comme l'herbe,
et tout son éclat comme la fleur d'un champ.
L'herbe sèche, la fleur tombe, quand le vent de
l'Eternel souffle dessus... Mais la Parole de notre
Dieu demeure éternellement. » Oui, toutes nos
épreuves doivent nous faire rentrer en nous-mêmes
et nous rendre sages à salut.

Nous devons, en effet, nous souvenir que nous
sommes étrangers et voyageurs sur la terre. Cependant la certitude qu'une vie meilleure nous est
réservée doit nous encourager à combattre le bon
combat de la foi.

18 mars 1886. — Espérons que les services reli-
gieux, qui auront lieu à l'occasion du Synode pro-
vincial seront profitables à beaucoup d'âmes incon-
verties, et qu'il en résultera un renouvellement de
vie chrétienne pour les croyants.

23 décembre 1886. — M. E. Monod nous a laissé
de bien bons souvenirs. Sa prédication était si
simple et si chrétienne ! Il a prêché sur ces paroles
de II Corinthiens XII · « Ma grâce te suffit, car ma

force s'accomplit dans la faiblesse; — et il nous a montré cette grâce devenant la force de l'âme, qui la recherche à l'heure de l'angoisse et de la souffrance si commune pendant notre pélerinage terrestre. »

On peut voir par ces citations quels étaient les sentiments pieux de notre ami. De lui on peut dire : « Heureux l'homme qui supporte patiemment l'épreuve, car après avoir été éprouvé, il recevra la couronne de vie que le Seigneur a promise à ceux qui l'aiment. Jacq. i, 12. »

V

Ce fut dans la nuit du dimanche au lundi 1ᵉʳ mai 1887 que notre cher Augustin, miné par sa maladie de poitrine, rendit son âme à Dieu sans souffrance et, dans un sublime regard d'amour, montra en qui il croyait.

La douleur fut grande quand on apprit la triste nouvelle de son décès. — Un ami de notre cher défunt écrivit aux parents affligés ces touchantes paroles : « Il vous a donc quittés, ce cher Augustin, pour un monde meilleur... Bien que votre perte soit son gain, vous perdez un bon fils, un enfant modèle s'il en fut. Il a été un fidèle et courageux témoin de son Sauveur ; il l'a beaucoup aimé et il a beaucoup travaillé pour Lui. Aussi soyez persuadés qu'il laissera une traînée lumineuse ; c'est le cas de dire avec l'apôtre : « Il se repose de ses travaux et ses œuvres le suivent.» Oui, nous nous le rappellerons toujours et avec une bien vive affection !

Toute la population du village, sans distinction de culte, accourut le jour des funérailles pour rendre à notre jeune ami, décédé à l'âge de 23 ans, un pieux hommage, pour attester ses regrets et consoler ceux qui pleuraient.

Et maintenant que j'ai fait ce récit véridique et que j'ai dit combien nous perdons en ce jeune homme, qui faisait aimer son Sauveur et dont toute la conduite était en honneur à la piété, mon seul désir est que ceux qui liront ces lignes, et surtout les jeunes gens, y trouvent de sérieux encouragements et un bon exemple. Puissent-ils avoir la foi douce et humble d'Augustin Fontanieu. Ils ont le même Dieu miséricordieux, abondant en grâce, toujours le même et dont « les compassions sont sur ceux qui le craignent autant que le Ciel est élevé au-dessus de la terre. »

N. S.

Saint-Laurent-d'Aigouze (Gard), 13 septembre 1887.

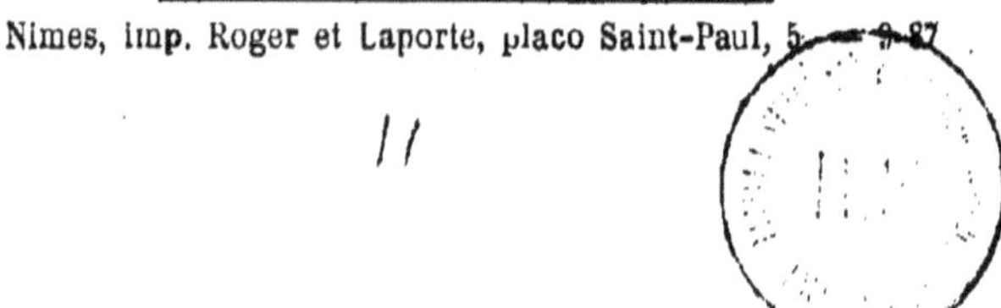

Nîmes, imp. Roger et Laporte, place Saint-Paul, 5. — 9-87

9 782329 325620